Grille n° : 1

f	g	k	o	h	g	v	z
p	l	a	c	h	e	p	s
o	i	f	o	o	c	i	i
t	s	f	n	s	h	l	x
e	s	a	t	u	e	e	t
a	a	m	r	m	l		
u	d	e	e	e	l		
i	e	v	w	s	e	x	h

affame – contre – echelle – glissade

lache – pile – poteau – six

Grille n° : 2

t	w	g	n	y	s	a	n
k	p	v	v	m	h	q	q
m	b			e	d	c	k
v	u			c	g	a	q
u	l	d	p	h	q	p	l
v	p	p	l	a	t	r	e
i	s	o	i	n	d	e	x
s	u	r	t	t	r	s	v

apres – index – lit – mechant

platre – soin – sur – vis

f	s	r	c	p	a	p	a
e	i	e	j	o	y	f	l
u	g	g			m	i	v
j	n	i			e	c	t
s	a	m	t	a	x	a	r
v	l	e	i	i	a	o	o
g	e	e	l	l	c	s	n
a	r	e	c	e	t	t	e

aile - exact - feu - papa

recette - regime - signaler - trone

Grille n° : 4

l	p	r	m	c	c	b	l
c	d	r	z	h	a	i	g
u	b	e	f	e	r	s	e
r	u	f	r	v	h	c	a
i	t	r	a	e	q	u	n
e	a	a	n	u	e	i	t
u	a	i	c	x	d	t	p
x	b	n	e	g	h	t	g

biscuit – but – car – cheveux

curieux – france – geant – refrain

Grille n° : 5

c	t	v	o	f	l	c	r
h	p	f	j	r	z	h	r
a	y	t			q	j	b
s	d	u			i	h	t
s	c	n	s	g	m	o	t
e	a	n	o	r	a	g	e
u	r	e	n	o	g	f	i
r	x	l	j	s	e	a	y

car – chasseur – gros – image

mot – orage – son – tunnel

Grille n° : 6

u	m	g	f	s	s	j	t
r	a	g	p	l	i	t	t
e	l	p	d	e	g	t	h
u	l	a	u	c	u	n	o
s	u	r	r	t			n
s	m	e	f	u			z
i	e	n	p	r	m	y	j
r	r	t	m	e	c	b	q

allumer – aucun – lecture – lit

parent – pli – reussir – thon

Grille n° : 7

d	i	s			c	l	i
p	m	c			f	a	i
u	a	h	k	r	d	k	r
n	n	i	z	e	e	n	e
a	c	g	i	l	p	j	p
i	h	n	b	i	u	q	e
s	a	o	u	r	i	u	t
e	t	n	s	e	s	i	e

bus – chignon – depuis – manchot

punaise – qui – relire – repete

Grille n° : 8

w	f			q	e	d	a
r	a			v	l	f	e
z	v	o	u	l	o	i	r
o	e	i	n	o	x	x	o
o	r	g	i	u	t	e	p
w	t	n	q	c	q	r	o
f	i	o	u	h	l	r	r
j	r	n	e	e	p	q	t

aeroport - avertir - fixer - louche

oignon - unique - vouloir - zoo

Grille n° : 9

e	s	c	a	l	i	e	r
l	e	j	e	u	d	g	t
a	r	a	r	n	e	a	n
i	v	l	o	e	e	l	l
s	e	a	p	t			b
s	u	u	o	t			o
e	r	x	r	e	u	x	d
r	t	n	t	s	r	h	j

aeroport - egal - escalier - idee

jaloux - laisser - lunettes - serveur

Grille n° : 10

d	r	r	h	k	n	f	g
e	a	m	n	p	v	p	v
f	s			r	r	s	l
i	s			x	e	k	p
s	u	u	n	p	n	x	l
e	r	u	v	r	t	w	u
f	e	w	m	e	r	c	i
j	u	p	e	s	e	r	e

defi – jupe – merci – peser

pluie – pres – rassure – rentre

Grille n° : 11

e	v	z	a	m	a	w	p
t	m	y	o	f	p	t	a
s	r	h	t	p			q
d	e	b	y	r			u
q	z	o	n	o	z	f	e
b	u	s	b	p	s	i	b
p	p	s	e	r	k	l	o
p	x	e	c	e	i	e	t

bec – bosse – bus – fil

file – paquebot – propre – ski

Grille n° : 12

e	j	u	s	b	q	n	s
p	l	g	a	y	u	e	p
l	n	e	n	o	e	z	v
e	b	a	s	k	r	t	m
i	c	n			e	q	a
n	r	t			l	i	f
g	r	i	w	s	l	x	e
u	t	m	t	s	e	a	u

feu – geant – jus – nez

plein – querelle – sans – seau

Grille n° : 13

j	j	k	e	z	e	k	h
f	o		y	u	h	k	
g	r		g	d	a	c	
d	e	c	e	m	b	r	e
b	u	r	e	a	u	i	g
e	s	o	z	t	r	c	a
b	s	t	m	t	h	a	l
e	i	i	n	y	h	t	h

bebe – bureau – decembre – egal

haricot – mat – reussi – roti

Grille n° : 14

p	v	i	v	a	n	t	x
a	a	g	p	x	k	i	c
p	l	o	v	j	t	r	d
i	k	p			o	n	a
l	l	s			o	j	n
l	a	e	a	k	h	a	s
o	v	a	m	p	i	r	e
n	e	u	i	s	k	i	r

ami − danser − lave − papillon

seau − ski − vampire − vivant

Grille n° : 15

g	p	v	y	t	s	g	u
a	i	s	g	l	n	l	b
r	n	e			v	i	r
d	g	m			p	s	t
e	o	a	v	e	r	s	e
r	u	i	s	s	e	a	u
i	i	n	p	u	e	d	j
e	n	e	a	r	o	e	k

averse - garderie - glissade - pingouin

ruisseau - semaine - sur - ver

Grille n° : 16

e	q	s	b	d	y	m	z
q	c	a			i	g	h
l	h	u			t	d	n
n	a	c	h	a	l	e	t
a	n	i	m	a	u	x	q
b	t	s	o	u	r	i	s
r	e	s	o	n	k	c	q
i	r	e	b	z	o	i	h

abri – animaux – chalet – chanter

ici – saucisse – son – souris

Grille n° : 17

w	v	f	f	b	y	h	m
m	b	o	n	e	p	a	a
a	b	r	v	q	e	b	g
s	j	e	o	u	c	i	i
q	a	i	i	i	h	t	e
u	u	l	l	l	e	a	k
e	y	l	e	l	u	n	q
l	o	e	k	e	r	t	p

bequille – bon – habitant – magie

masque – oreille – pecheur – voile

Grille n° : 18

		o	l	t	i	l	h
		a	g	w	o	k	t
j	c	m	g	l	a	n	d
k	p	p	l	a	m	e	o
c	t	o	s	n	i	b	s
r	h	u	m	e	e	v	r
s	e	l	w	d	r	b	i
p	k	e	o	d	b	s	s

amie – ampoule – ane – dos
gland – lame – rhume – the

Grille n° : 19

e	p	i	n	g	l	e	d
m	a	z	e	u	b	g	f
v	s	k	z	o	d	r	r
y	s	y		k	c	w	
t	i	q		q	p	m	
c	b	i	y	h	a	n	o
r	l	b	c	a	v	e	r
i	e	c	o	n	n	u	t

connu – cri – epingle – mort

nez – pneu – possible – ver

Grille n° : 20

a	t	i	s	l	c	a	r
h	a	b	i	l	l	e	r
d	p	r	g	l	a	c	e
p	r	a	n	q	i	h	o
s	e	v	a	w	s	a	t
k	s	o	l	q	s	r	w
		p	e	b	e	p	x
		x	r	g	r	e	i

apres - bravo - car - echarpe

glace - habiller - laisser - signaler

Grille n° : 21

s	l	h	c	d	p	m	b
o	o	r	a	h	w	e	a
w	o	e	s	n	u	d	i
z	n	p	s			a	g
e	e	e	o			i	n
b	i	t	m	e	r	l	a
r	g	e	m	p	d	l	d
e	e	r	e	i	i	e	e

assomme – baignade – epi – medaille

mer – neige – repeter – zebre

Grille n° : 22

d	f	p	d	c	c	h	q
o	i	w	i			z	h
u	e	o	f			f	x
x	r	y	l	g	c	f	w
u	e	b	o	s	o	m	p
y	d	q	t	o	u	f	v
u	y	y	t	n	p	l	i
o	n	z	e	t	e	t	u

coupe – doux – fiere – flotte

onze – pli – sont – tetu

l	o	m	f	c	e	p	i
t	a	m	p	o	u	l	e
i	v	a	a	m	x	i	c
m	q	n	t	p			h
b	x	g	t	l			e
r	d	u	e	e	w	j	l
e	h	e	b	t	n	o	l
m	t	d	n	e	m	i	e

ampoule – complete – echelle – epi

mangue – patte – pli – timbre

Grille n° : 24

x	a	b	e	t	a	g	e
l		m	h	h	l	x	
p		p	a	s	i	y	
e	g	p	o	z	e	s	e
d	b	a	r	y	v	s	p
a	x	n	t	g	e	a	i
l	w	d	e	h	r	d	l
e	h	a	r	p	e	e	e

emporter – etage – glissade – harpe

panda – pedale – pile – severe

Grille n° : 25

		h	p	l	x	w	o
		p	m	l	h	m	p
a	r	p	h	e	l	i	n
c	o	u	s	i	n	e	z
b	o	i	r	e	g	l	e
a	i	l	f	l	u	t	e
k	p	e	f	q	a	t	p
v	n	g	g	c	f	q	q

ail – boire – cousine – flute

ile – nez – orphelin – regle

Grille n° : 26

l	f	c	h	e	m	c	p
t	a	n	x	o	h	m	r
h	a	p	a			c	m
l	b	i	s			a	e
a	j	g	a	r	j	r	h
i	u	e	l	o	f	n	e
n	p	o	u	s	s	e	r
e	e	n	t	e	d	t	o

carnet – hero – jupe – laine

pigeon – pousser – rose – salut

Grille n° : 27

h	p	v	i	o	l	e	t
j	a	p			v	o	o
z	t	l			y	z	u
o	i	a	b	n	t	q	j
b	e	n	a	j	e	f	o
j	n	c	l	a	m	c	u
e	c	h	a	p	p	e	r
t	e	e	i	u	s	p	s

balai – echapper – objet – patience

planche – temps – toujours – violet

Grille n° : 28

g	a	g	e	i	n	t	m
l	o	f	t	f	c	a	o
i	t			z	l	b	i
s	r			o	e	o	n
s	e	r	i	n	g	u	e
a	s	u	f	g	u	r	a
d	o	e	a	l	m	e	u
e	r	i	p	e	e	t	x

glissade - legume - moineaux - ongle

rue - seringue - tabouret - tresor

Grille n° : 29

l	y	e	i	a	f	f	r
m			g	o	a	m	x
s			l	s	o	f	a
o	v	a	n	i	l	l	e
u	e	v	l	i	o	n	p
p	i	i	i	d	u	b	k
l	n	e	e	n	p	l	j
e	e	q	u	x	g	f	n

lieu – lion – loup – sofa

souple – vanille – veine – vie

Grille n° : 30

u	e	q	d	n	f	r	p
q	f	u	b	o	d	o	o
c	r	a	g	x		d	
u	a	r	l	y		j	
f	s	a	o	g	a	c	c
v	o	n	i	e	e	b	b
u	i	t	r	n	z	e	l
e	r	e	e	e	k	c	e

bec - ble - gloire - oxygene

quarante - rasoir - soir - vue

Grille n° : 31

v	j	g	t	k	u	p	c
a			m	c	u	a	h
b			r	o	d	x	a
s	a	m	i	l	e	y	s
d	o	m	d	o	p	g	s
o	u	i	i	r	e	e	e
s	y	z	o	i	e	n	u
d	w	d	t	e	j	e	r

chasseur - colorie - dos - epee

idiot - ile - oui - oxygene

Grille n° : 32

e	z	c	g	c	d	s	c
x	u	h	f	o	k	m	c
p	u	e			o	n	s
l	r	v			p	w	e
o	a	i	p	o	m	p	e
r	m	l	b	r	o	o	c
e	p	l	g	u	r	i	h
r	e	e	g	e	t	s	o

cheville – echo – explorer – mort

pois – pompe – rampe – rue

Grille n° : 33

r	f	e	e	c	h	e	c
u	s	i	n	e	a	b	l
e	h	m	q	q	b	a	e
i	u	t			i	l	t
t	a	o			l	e	p
h	y	j	b	i	l	i	z
y	f	n	r	h	e	n	o
v	w	z	f	o	r	e	o

baleine - de - echec - fee

habiller - rue - usine - zoo

Grille n° : 34

p	r	o	n	d	g	c	a
a	g	l	u	e	f	x	b
t	c	t	b	u			m
e	h	u	l	x			r
r	l	y	e	i	u	k	n
o	a	d	c	e	l	c	h
m	m	m	o	m	e	n	t
j	a	u	n	e	i	g	e

deuxieme - jaune - lama - lecon

moment - neige - pate - rond

Grille n° : 35

e	k	z	l	p	s	u	r
m	e	m	d	a	i	m	v
o	x	u	t	q	f	o	o
u	a	r	r			t	u
e	c	n	e			s	l
t	t	g	s	o	w	b	o
t	p	a	s	d	a	f	i
e	y	y	e	w	o	n	r

daim – excact – mots – mouette

mur – sur – tresse – vouloir

Grille n° : 36

w	h	m	b	n	e	p	i
p	j	e	l	a	p	o	t
e	o	r	a	g	e	i	z
i	w	c	g	e	j	n	e
n	h	r	u	o	k	t	q
e	l	e	e	i			u
e	r	d	r	r			t
p	f	i	k	e	e	k	e

blague - epi - mercredi - nageoire

orage - peine - point - pot

Grille n° : 37

d	v	l	a	y	d	h	d
h			z	g	x	h	e
e			e	a	p	e	c
p	r	o	p	r	e	t	e
o	o	f	a	o	d	a	m
n	u	n	u	i	a	b	b
g	l	j	l	g	l	l	r
e	e	x	e	c	e	i	e

decembre – epaule – eponge – etabli

pedale – proprete – roi – roule

Grille n° : 38

i	c	e	f	x	n	i	z
p	p	m	c	p	d	t	s
h	v	p	h	r	f	e	j
u	e	o	i			m	h
m	n	r	g			p	o
i	t	t	n	a	v	e	t
d	r	e	o	n	q	t	t
e	e	r	n	i	d	e	e

chignon – emporter – hotte – humide

idee – navet – tempete – ventre

Grille n° : 39

h	q	e	w	e	n	j	n
i	u	c	o	e	o	d	s
s	e	u			u	o	b
t	s	r			v	c	o
o	t	e	m	p	e	t	e
i	i	u	a	l	l	e	r
r	o	i	r	x	l	u	o
e	n	l	i	o	e	r	f

aller - docteur - ecureuil - histoire

mari - nouvelle - question - tempete

Grille n° : 40

g	a	z	c	v	h	a	r
g			r	f	o	n	l
b			o	u	v	r	e
o	j	u	s	u	r	q	c
u	g	a	m	i	a	p	x
g	r	b	o	u	l	e	g
i	o	l	y	z	e	z	x
e	s	e	y	q	r	y	j

ami - bougie - boule - gros

jus - ouvre - raler - sur

Grille n° : 41

a	d	g	q	y	g	t	c
b			b	m	t	a	o
z			v	x	k	s	m
k	l	v	o	m	h	s	p
v	b	x	l	a	b	o	l
q	v	i	e	l	i	m	e
h	p	e	u	l	t	m	t
z	h	k	r	e	i	e	e

assomme - bol - complete - lime

malle - peu - vie - voleur

Grille n° : 42

a	y	h	l	h	k	a	e
e	d			a	d	g	w
c	p			r	g	n	q
r	i	s	s	r	r	p	h
a	r	i	e	i	i	e	z
s	a	n	c	b	l	p	a
e	t	g	h	l	l	i	t
r	e	e	e	e	e	n	x

ecraser - grille - horrible - lit

pepin - pirate - seche - singe

Grille n° : 43

s	p	p	t	i	b	w	v
g	e		v	p	g	p
u	i		m	s	j	a
e	n	f	j	t	b	b	y
p	t	l	o	r	u	o	k
a	u	i	u	a	t	u	f
r	r	m	e	c	k	l	i
d	e	e	r	e	f	e	l

boule – but – fil – guepard

jouer – lime – peinture – trace

Grille n° : 44

a	q	m	u	r	w	t	c
e	e			e	f	h	f
g	t			u	c	w	y
u	a	v	a	l	i	s	e
i	g	r	p	e	g	o	g
d	e	p	o	g	a	l	a
o	r	e	i	e	l	a	r
n	e	e	l	r	e	j	e

cigale - etagere - gare - guidon

leger - poil - sol - valise

Grille n° : 45

s	a	u	m	o	n		
s	v	d	a	k	e		
g	e	z	i	l	p	k	q
r	c	e	n	s	i	g	r
s	o	g	e	n	n	x	y
a	c	t	a	v	g	i	x
l	r	o	u	i	l	l	e
i	i	q	x	z	e	e	u

avec - cri - epingle - ile

moineaux - rouille - sali - saumon

Grille n° : 46

n	o	y	a	u	p	p	b
z		e	x	o	n	j	
r		r	p	i	p	i	
p	y	o	o	i	l	a	t
c	l	s	p	g	a	l	f
h	i	u	o	e	s	l	u
a	e	v	r	o	s	e	p
u	c	f	t	n	o	r	r

aeroport - aller - chou - lasso

noyau - pigeon - poil - rose

Grille n° : 47

i	c	o	h	f	x	e	r
s	j	u	a	h	o	c	u
a	y	d	k			r	i
n	w	o	r			i	s
d	c	r	e	t	s	t	s
a	o	m	p	i	q	u	e
l	i	i	o	p	q	r	a
e	n	r	s	i	u	e	u

coin - dormir - ecriture - pique

repos - ruisseau - sandale - tipi

Grille n° : 48

e	b	x	r	j	h	e	v
x	c	q	d	p	i	d	m
p	e	b	t	o			p
l	f	m	j	i			q
o	i	a	d	g	b	l	o
r	s	t	h	n	a	i	n
e	p	i	l	e	n	e	z
r	u	n	a	t	d	u	q

epi - explorer - lieu - matin

nain - nez - pile - poignet

Grille n° : 49

k	a	p	q	d	g	v	y
c	o	n	s	i	g	n	e
b	r	u	e	c	r	i	c
e	b	f	p	p	o	n	h
c	r	p	l	i	u	d	o
v	a			k	p	a	q
v	s			q	e	t	x
t	q	a	a	b	q	e	w

bec – bras – consigne – cri

echo – groupe – pli – rue

Grille n° : 50

t	c	h	a	o	b	k	w
e	a	b	y	p	l	p	v
i	m			d	p	o	i
n	p			r	s	i	t
t	a	m	f	a	e	r	z
u	g	m	a	g	i	e	n
r	n	z	o	o	z	a	x
e	e	j	p	n	e	u	s

campagne – dragon – magie – pneu

poireau – seize – teinture – zoo

Grille n° : 51

h	i	q	m	b	f	n	k
p	n	r	n	z	q	z	v
o	q	l			e	y	a
i	t	e			v	i	n
g	a	z	o	n	e	p	i
n	i	a	z	e	d	w	l
e	l	r	j	z	f	x	l
t	f	d	w	a	h	g	e

ail - epi - gazon - lezard

nez - poignet - vanille - vin

Grille n° : 52

m	c	g	r	b	t	g	f
f	h			f	j	p	v
c	a			a	y	l	q
w	n	q	y	m	e	o	w
e	t	u	d	i	a	n	t
c	e	a	u	l	m	g	h
h	u	n	y	l	c	e	e
a	r	d	c	e	y	r	n

chanteur – eau – echo – etudiant

famille – plonger – quand – the

Grille n° : 53

v	b	n	r	t	i	x	j
q	c	o	x	a	k	b	g
r	l			b	z	k	g
s	o			o	i	k	u
l	c	s	b	u	l	l	e
i	h	v	l	r	e	i	r
z	e	x	e	e	n	o	i
t	r	o	p	t	t	n	r

ble - bulle - clocher - guerir
lent - lion - tabouret - trop

Grille n° : 54

m	m	b	r	i	q	u	e
e	o	b	s	h	x	n	t
r	n	l			c	i	h
c	i	a			a	q	t
r	u	n	x	m	s	u	k
e	t	c	f	a	s	e	t
d	x	p	x	r	e	g	t
i	k	a	s	i	r	o	p

blanc - brique - casser - mari

mercredi - mon - sirop - unique

Grille n° : 55

		z	n	x	x	y	b
		h	a	c	h	i	s
s	e	r	v	i	r	p	x
z	u	o	o	c	a	l	b
i	r	n	i	i	y	i	g
s	o	d	s	p	u	r	l
k	s	p	i	a	r	x	x
j	u	o	n	v	e	y	p

euros - hachis - ici - pli

rayure - rond - servir - voisin

Grille n° : 56

m	u	s	e	e	y	i	t
e	g	y	z	z	l	r	f
c	h	o	s	m	o	l	g
h	h	v			x	e	o
e	r	d			i	r	u
l	b	e	i	r	u	o	t
l	f	f	r	a	i	s	e
e	u	i	x	t	h	e	r

defi - echelle - fraise - gouter

musee - rat - rose - the

Grille n° : 57

r	g	x	o	z	t	t	n
t	r	b	b	j	u	s	e
u	i	a	r			f	t
f	l	l	a			z	t
g	l	e	i	p	p	q	o
m	a	i	s	o	n	u	y
e	g	n	i	i	c	o	e
r	e	e	n	s	r	i	r

baleine - grillage - maison - mer

nettoyer - pois - quoi - raisin

Grille n° : 58

n	m	g	h	x	z	p	w
r	k	a	e			i	j
i	p	s	r			n	y
s	o	k	i	g	s	g	c
q	u	e	s	t	i	o	n
u	p	q	s	b	n	u	e
e	e	f	o	q	g	i	z
r	e	b	n	v	e	n	d

herisson – nez – oui – pingouin

poupee – question – risquer – singe

Grille n° : 59

x	d	g	s	d	o	d	k
w	d	b	p	y	a	b	y
n	p	r	t			q	k
m	e	u	m			q	j
e	l	l	a	v	a	b	o
c	o	u	r	z	o	o	o
a	t	r	e	o	w	n	y
r	e	e	e	a	q	d	j

bon – brulure – car – cour

lavabo – maree – pelote – zoo

Grille n° : 60

a	t	y	d	j	q	t	d
t	c	z	g	n	y	u	a
m	u			c	e	d	s
w	i			i	o	x	y
p	s	o	x	t	l	b	p
a	i	v	b	r	u	w	x
r	n	i	m	o	n	e	z
t	e	s	a	n	e	u	x

ane - citron - cuisine - lune

mon - nez - part - vis